CERILLAS EN LA OSCURIDAD

PASJALIS KATSIKAS

CERILLAS EN
LA OSCURIDAD

Traducción
JOSÉ ANTONIO MORENO JURADO

EL ÁRBOL DE LA LUZ
72
TO ΦΩΤΟΔΕΝΤΡΟ

Padilla Libros Editorial y Librería
Sevilla 2025

COLECCIÓN
POÉTICA
DE AUTORES GRIEGOS
CONTEMPORÁNEOS
EL ÁRBOL DE LA LUZ
ΤΟ ΦΩΤΟΔΕΝΤΡΟ
N.º 71

Título original: *Σπίρτα στο σκοτάδι*

© de los poemas: Pasjalis Katsikas

© de la traducción: José Antonio Moreno Jurado
© de la presente edición: Padilla Libros

ISBN: 978-84-8434-151-2   D. Legal: SE 894-2025

1.ª impresión, mayo de 2025

Padilla Libros Editores y Libreros
C/ Trajano n.º 18. 41002 Sevilla (España)
editorial@padillalibros.com

Impreso en Podiprint
Impreso en España – Printed in Spain

A la memoria de Agustín García Romero-Nieva.

CUADRANTES
(2019)

POEMA MÍO

Regalas nueva óptica
Eres pequeño
pero un universo completo
Tu valor expresa mi vida
Hablas a veces una lengua que no entiendo
Un dialecto tan cargado
con todas las palabras rítmicamente
    organizadas
Creas un modelo irregular
que resuena en mi alma
tan hermosamente como el jazz

II

MADERA DE MAR

Atravesé océanos de experiencias
encontré rapaces marinas con hambre
    insaciable
Imité su aspecto y naufragué en la costa
Herido ahora abrazado a tables y planchas
espero firmemente
que escuches mi diáfano sonido

Ligero, suave deshecho
separado de egoísmos
limpio de yodo y salitre
En tus manos termino
para que me hagas árbol llévame arriba
germinaré como prodigio de la segunda
    Resurrección
En invierno te amaré fielmente
en nuestros veranos descansaré

LAS CIRUELAS MALVAS

Las piernas cuelgan
de la silla en el balcón
Las siento pudrirse
como las ciruelas malvas
que yacen en el jardín
Alguna se despega de vez en cuando
El ruido me turba
Despierto de la pesadilla de la inacción
Salto a mi sitio
como aquellas al suelo
Más allá sucede lo mismo
a las peras y los melocotones
Este año quedaron sin riego
La carne enferma se inmaterializa
Cuanto sus ojos no me miran como al
    Principio
me queda soñar:
el núcleo esferoidal
cómo los hará llorar
para que yo vuelva a germinar

TIERRA ERES Y EN TIERRA
TE CONVERTIRÁS

Sola en la cuenca hidrográfica
de todo el Monte de los Olivos

Bendita

En sus ramas se acurruca el descendiente
del gorrión que la engendró
Arraigó la semilla que lanzó
puesto que se volvió el mismo abono
y todas las colmenas que se refrescaron a su
    sombra

Se estableció como perenne
bebiendo lágrimas del vaso amargo
de Dios y de los hombres
¿A cuántas batallas se enfrentó
cuántas pérdidas de vida
para que su tronco se rompiera de tristeza?

Pintados sobre él los rostros
Como bocas las cavidades
aúllan como último adiós

Los gritos se equilibran
Por el agraciado gorjeo
en su conocimiento
que cuando llegue el momento
encerrará en su fruto
sus valiosos zumos

JUEVES SANTO

La honradez
dos tablones rectos
Corona sin espinas
la humildad
Un bazo agujereado
la compasión
Un sorbo de sangre con una miga
el amor

¿Dónde se perdió la salvación?

Crisis
Los constructores
dejaron de clavar
Consiguieron hacer escombros
con las zarzas en el barrio
La medicina avanzó
sobrevives sin bazo
Al semblante de la sangre
nos hemos acostumbrado

PEDALES
(2020)

CON LA POESÍA

Sale y entra el sol en las ramas
cuando se enredan continuamente en el espejo
Me duele el reflejo en los ojos
En el lado oscuro el yo, enfrente tú
Y como imagen rechazada me buscas con el
    tacto
Como planta interior trepas
alrededor de la cornisa a la que me pegué
para no escaparme

Cuanto los hombres no me dejaron gritar
tomó su perfil determinado
Se abrieron mis carnes
Las palabras dejaron de apagarse
Antes incluso de formarse tomaron el camino
Gobernando a los espectadores y a mi muerte
Pisotearon toda orden
desconfiaron, se hundieron
Descubrieron en el superyó
la fantasía de la libertad.

LA PRIMERA NOCHE

Dame la primera noche
carne y sangre
¡No temas!
Dame abrazo aéreo como mariposa
No soy felino para arrebatarte
ni araña o víbora que busca almohada

En la lluvia
soy el batracio baboso
que besaste bajo la túnica

Con la luna
seré el príncipe que fue coronado
una silla vacía

Al sol
el inmóvil corredor que bebió
vino en el desierto

Dámelo todo
Antes de que nos cieguen los cobertores

AL SOLITARIO

En este recordatorio
de tristes hojas
las arrugas en los pétalos
el sediento pecíolo
agoniza la belleza

Lo oculto en el frasco
para que no me le hagáis un mal de ojos

LA SUBIDA

Empequeñece el amor
como el día en invierno
Felizmente pudiste acabar la labranza
Aunque hormiguean las manos por cansancio
no te toca la soledad del mundo

Un último sorbo de cigarro y alcohol
será esta noche la droga quimérica
Despierta apenas Dímitra termina en llantos
habiendo pasado los seis meses fríos

Corta canales de agua con la azada
deja sitios anchísimos para flores
Arroja al vuelo alpiste con la mano
a grandes pasos uno tras otro

Los primeros girasoles los reciben
apenas regresa a ellos desde el Hades

NO TEMAS A LA OMEGA

En segundos ennegrece todo
paso a la inexistencia
Lo que vista
no queda sobre mí
Ropas, piel, huesos,
todo una masa de recuerdos
Sólo mi amor por ti vuelve a vestirme
Vuelvo a arrancar con cada electroshock

Disminuyen los años cuando andas
Vas y vienes a la cuna sin compañía
Haces bicicleta sin ruedas de auxilio
Aprendemos el alfabeto

Debo hablarte de la omega
No temas
cuando te deje

EL MODISTO

Con diestras manos
desenvuelve piezas de paño
Corta rectamente los recuerdos
Tira lo viejo del subterráneo
que es más barato
estropeado desde hace años

Me cose mortajas
de la planta baja
Está seguro
de que cuantos lleguen
al último espasmo
me recordarán no envejecido

AHOGAMIENTO ICÓNICO

Cogiendo fondo salto
Soberbia ilusión la subida
Chapoteo los pies en el agua
Por un poco aún el oxígeno es bastante
Un poco aún y llego a la superficie

El pecho se hincha completamente
El corazón y las venas palpitan en el cuello
Golpeo ya las manos
Pero el azul se aleja
Siento que la sangre sube a la cabeza
Me entumezco desde las uñas hasta arriba

Comenzó la bajada

Otra vez haré bajada al fondo
Pelota de caucho
De un euro mi alma.

HOMBRES DE LAS NIEVES

Qué tiernamente se sienta el blanco
sobre el gris del invierno
Ilumina los caminos
los esqueletos de los árboles
nuestras almas muertas

Y si nos ponemos olivas en los ojos
zanahorias por olfato
manos con tacto de madera
el combate de nieve respira los sentidos

Hasta subir la temperatura
hasta volver la mayoría de edad
que embarra el blanco
Recordemos cómo era
antes de disolverse entre los dedos

SEPIA

Te deslizas del recuerdo
caes y te rompes
Corro con escoba y recogedor
A recogerme
con una tomografía magnética
para pegarme a ti
Te enturbias
lames tinta y te pierdes

EL CIRCO DORMIDO
(2021)

¿CONFESIÓN O MONÓLOGO?

Se desbordó de valores
como el cuerpo que alimentas con colesterol
ciudadano bien alimentado
con las prominencias
inertes entre otras grasas
latiendo
ante el peligro del cambio

También la miseria tiene su encanto

Húndete sin cuidado
en el remo con el pulgar
Oculta tu carácter microscópico
en las arrugas sudorosas
Deja que los demacrados
que están en crisis —con dieta
levanten los miembros atróficos
Son más ágiles
con valores rayados
separados por obstrucciones

LAS TERMÓPILAS DE BIRKENAU

Huimos trescientos envueltos en algodón
de la tierra del sol eterno
¿quizás aquí nos adaptaremos un día?
Todos los otros mayores y un yo, Leónidas
Hasta que llegamos a la tierra de la esvástica
me hice mayor

Mi padre compraba muerte en las estaciones
comían los primeros con la madre
a mí me alimentaba con patas y colas
de lo que había sobrado
Kilómetros de muerte bebí y comí
hasta Birkenau

A la llegada levantaron la ropa en las espaldas
Ácida la colonia que llevábamos
Nadie se separaba del otro
Un prado de girasoles a la misma altura que
        los rusos
bebía tiniebla del corazón de la bestia

En el horno IV colgamos los límites
El cielo azul y limpio en las Termópilas
La dignidad sacada de los huesos
pero las pesadillas siempre vienen a los sueños

Me puse trescientas placas de jabón
palideció el olfato del agonizante
El número no está de acuerdo en decaer

CON EL ORGANISMO DE
FERROCARRILES DE GRECIA

Tornillos en los raíles los años
No va a amanecer
dulce la nana
Nos atonta el ruido
sobre las rodadas de hierro

Compañero de viaje en el coupé de la historia
veo en vuestros rostros el desencanto
—no directamente

En el cristal se refleja por las noches
cómo pasamos con lentitud inconcebible
desde Frear de Calipso hasta Trypití
y de allí a Ormenio
De Ozoní a Strongilí
y de vuelta para Gaído

En ese tren cada uno de nosotros es conductor
    de máquina
por si algún trabajador descarrila

Nosotros lo levantaremos
No nos consideréis inactivos
en estaciones oscuras
relaciones afuera

FISIÓN NUCLEAR

Dos sombras riegan el muro
Dos sombras que se cogen de la mano
bajo la luz brillante de la seta
La energía intransitable
del mayor descubrimiento científico

Imborrables quedan en la memoria
Suenan como pareja eterna

Otelo y Desdémona
Romeo y Julieta
Antonio y Cleopatra

Condenados no por amor
en la obra perdida de un Shakespeare
    desconocido

Hiroshima y Nagasaki

El esfuerzo de separar los átomos
triunfó

QUIMIOTERAPIA

La maldita costumbre
es cáncer del encéfalo
Nos empuja a comprar el pan diario
A coger la misma calle para el trabajo
A creer en Dios
A vivir en compañía

Quedaos en ayunas
faltad al trabajo e id a las plazas
encended una vela a Mohamed
divórciate de la monogamia

Liberaos es
la única terapia

LAS AVES ROJAS
(2022)

UNA VEZ Y EN UN TIEMPO

A mi hijo

Di palabra a los árboles
y sentimientos a las aguas corrientes
escribí poemas en la tierra
Cuando me absorban escucha mi voz
sobre la piel de mi madre, la tierra

SIENTO INDIFERENCIA

Ninguna sábana ensangrentada nos une ya
Aquel pájaro que produce poetas
dejó de bordar mi piel
no habla más de tu nombre
Ahora participa en telejuegos
Cobra falsos premios
y un saciado aplauso de imágenes

POEMAS INDESCRIPTIBLES

Cuando maduran son heridos por el tiempo
y yo los acaricio con ternura
Mañana y noche por una fuerte llamada
Me han recetado los médicos
Cambio sus palabras regularmente
Antes de que se infecten
Y cuando ya son capaces de actuar
un poco antes de envejecer, os los entrego

LA CORBATA

Ilumino mi noche
con una multicolor corbata de seda
La ato al revés
para que cuelgue la lengua por la espalda
En la nuca me pesa la sombra de su nudo
En el extremo coso palangres
a las que pongo cebo de versos
Espero que vosotros piquéis
a los que dotó el arte de la lectura
Quizás suba a la luminosidad de la fama
y yo me despegue para siempre de su
    necesidad

LOS REGALOS

Una mujer me regaló una pistola
y un niño una armónica
Cuando se carga la pistola
Me duele mi boca blanca
Con una respiración roja
toco entonces una música estupenda

BARCOS MUERTOS

Con cada soplido arde
tu mirada en los dedos
Mi canción se desliza
Tras la niebla se engancha
en aleteos de aves migratorias
Las nubes gimen
Mecen a los barcos muertos
Y tú, en un muelle nevado,
silbas la intención
que cae de los árboles

DESPUÉS

Las caricias presas
de las miradas satén
Las húmedas huellas con simulación
Los orgasmos naturales
Después, en la ducha inhospitalaria,
nos odiamos a nosotros mismos

LOS TRISTES INVIERNOS

Los años se atan con ciertos alambres
ante un espejo
tiñen los cabellos con negro minio
Sin embargo los alambres se oxidan
Entran hondamente en las mejillas
Los besos no dan vueltas en la cama
Y las mariposas que empujaban
los cuerpos al amor se vuelven murciélagos
que tapan la luna

LOS TE AMO

No nos fue concedida una explicación
de esta hambre insaciable
¿Cómo vamos a saciar al ciego tiburón
con aromas de plantas?
Por las noches vuela familiarmente
Y eternamente hace el amor con la soledad
Con dientes brillantes y rojísimos
deja huellas en la almohada
burlándose de nuestros sueños
No nos compadece si no nos juntamos para ser
        uno
Si no germinan en nuestra espalda sus alas
Si no nos destrozamos juntos
al menos con un te amo

LOBO, LOBO, ¿ESTÁS AQUÍ?

. . .cojo mi bastón y os persigo

Nada dura para siempre
las estrellas, los árboles, los hombres
Viene el lobo
Devora a los dioses
Se traga al sol, a la luna
Se muestra impúdico en lo inestimable
Se vacía nuestra clepsidra de labios
    melancólicos

Lo que comienza debe, entonces, terminar

EL TANGO DEL COSECHADOR

Los huesos asustados
se amontonan secos
en cajas arrugadas
Se aliaron ya con el cuerpo
Pelos, uñas, dientes
caben en fotos deslumbrantes

Todos descendemos
de cementerios destartalados
sin postigos
Nuestro lugar está allí
en donde tenemos nuestro último recuerdo.

AIRE

¿Por qué regalas parásitos al silencio?
¿No ves?
En los labios mudos de la muerte
en demonios y aves carnívoras
domina una afonía elocuente
Deja que mi espíritu tranquilo
se apague en la baranda

Que alimente la carcoma su huida

MIS AMIGOS

El aire cálido
los rayos de sol
que se esparcen en los ramajes
la hierba cortada
son mis amigos, y tú
que sientes mi respiración
cuando se detienen los pulsos

Que sea yo solo un hoyo en la almohada
por la mañana cuando abres los ojos

ISLA DE CIRCE
(2024)

ALGUNOS TUNANTES

Para divertirse
vienen y me tiranizan
Me golpean a medianoche
y a veces antes de brillar el amanecer
Antes de dormirme
quieren juegos
Se niegan a estar dentro de las páginas
Piden alimento y cambio
hasta entrar definitivamente en el papel
para que vengan otros más vivos

MUSA

Fue apresada por plagio
y violación de versos humanos
Como testigos de defensa acudieron las otras
    ocho
Acusador el linaje mortal
Procurador algún Eros, juez Zeus
El juicio dura miles de años
Nadie de aplazamiento en aplazamiento
excepto la acusada
lee ya poesía

LA BARAJA

Extraña la baraja del poeta
corta, reparte por igual
Junto a cincuenta y dos cartas
palabras indómitas
Ases y verbos inagotables
salen de la manga
Perfecto prestidigitador
te hace servidor del juego xarí
Hábilmente aparece el adjetivo
que a cada uno le gusta

COMO ACTOR

Es difícil no ser yo
Se necesita que cambie de piel
Se rompen los espejos
Me enjaulo en la imagen

No haré otra representación
Salgo a la jubilación
Elijo a la poesía en último lugar
Bien peinado quiero encontrarte

EL BURKA

Oculto con cuidado quién soy
A veces incluso a mí mismo
Visto los espejos de blanco
Quedo sin afeitar como variante

No me reflejo en vitrinas
Sin embargo ante él me quedo desnudo
Soy incapaz de mantener el burka sobre mí
Se sacude las palabras fatigándose
Se despegan de él piel y huesos

DE ENTRE MIL MUERTES

Me pediste que eligiese entre mil muertes
En la tierra de las buenas intenciones
Con la brújula marcando insistentemente el
    norte
me tiendo en el suelo
Tiro hacia atrás el gatillo
Vuelvo su cañón paralelamente al cielo
La Estrella Polar se sonroja

Elegí la muerte por amor

EN CUANTO PASAN LOS DÍAS

Se presiona la edad de la inocencia
Cuando se añaden los meses
llega la ignorancia del amor
envejece la inocencia
se escinden los años de lascivia

De moche en noche se multiplican
los caminos que tomé con pobres luces
las palabras comunes en puertos que velan
Deseo las tardes en que holgazaneaba de niño

Entonces, me esperaban los más hermosos
        ojos
para apagar las duras voces dentro de mí
con un beso en las rodillas ardientes

HOGARES ESTUDIANTILES

Tras la primera cita
bajo el Arco
me besaste en la fría mejilla
En las escaleras antes de irte
volví a la habitación
Me tendí con la ropa
sin lavarme
Sólo aquella noche
me soñé entre las nubes

TRAS LA LLUVIA

En un silencio de otro mundo
atravieso los cementerios
Ojos envejecidos me miran
desde las turbias fotografías
No los temo
son felices los muertos
no hablan con desdén
no te responden

Con rostros tranquilos dan esperanza
Será mejor el otro mundo

AZUL CLARO

En la isla tenías tiempo de aparecer
Requiere blanqueo la casa paterna
Y las contraventanas se niegan
a robar color al mar

La sal que pusiste en los bolsillos no cupo
Dicen que en la capital hay otra humedad
¿Aprendiste a respirar en el gris?

Simpatízame, te cogí en una sola portería
me mareó el vulgar coñac veraniego
Siempre eras parco en palabras
por las hojas sabíamos las noticias

Una losa blanca de la acera
Y el cielo
lo último que viste

CUANDO MUERA

Los remolques que naufragaron en la costa
los dejaba como presas en las rocas
Quiero ser un faro apagado
cuando muera
El salitre arañará mis piernas

Alto faro observando pecados
aunque me asusten de noche las sombras

CERILLAS EN LA OSCURIDAD

Existimos
como el fósforo quema la cabeza
En el fondo negro hasta apagarse
el cuerpo carbonizado

Somos cerillas en la oscuridad

RELOJES BIEN AJUSTADOS

Brillan por encima los relojes
Proclaman la inmortalidad
En cristal mineral manejan
el tiempo para encerrarlo con engranajes
Sucios apenas les das la vuelta
Sus vientres
son como nuestras almas sarnosas

UN *SELFI*

No acerté a fruncir los labios
sonrisa de madera ante el cristal

De frente no me gustó la nariz
Volví el perfil
me pareció más grande
Quizás no puse el alma

Es difícil tener dedos inflexibles
como proyección de una mano
con tornillos en vez de articulaciones

Solamente envié la dedicatoria
Sin fotografía

*Te agradezco mucho que me hayas hecho un
    hombre*

Te quiero

Pinocho

BALLENA BLANCA

Como y me voy al trabajo
Irás a la compra tú solo al súper
Ten cuidado en frigorífico con cosas del mar
no compres ballena

Puede ser Cuaresma
aunque yo nunca fui Geppetto
Por más que tallé y soplé la madera
aunque puse una gran nariz a los otros
siempre la mía será mayor

No podré
sacarnos de su barriga

GORRIÓN

Viniste sin llamarte
a recordar penas pasadas
Armado de dobles ramas
con gomas
apuntaba a tus antepasados

No cruzaste al azar mi umbral
Dicen que eres precursor
pero perdiste tu cabeza en dedálico vuelo

Te di agua
para que se lavaran tus pecados
en el verano
te refresqué en mi puño con soplidos

Volaste al amanecer
hacia el paraíso de las aves
me dejaste justamente arder
en el infierno de agosto

AQUELLOS DOMINGOS

Aquellos domingos
la mirada no se despega
del blanco color acuoso
Las manos sangran sobre la cuerda
¿Cómo levantarás la cotidianidad
sin una caza oculta
y bolas de colores?

EL KOMBOLOI

No fuiste en absoluto futbolero
ni jugador de backgammon
No conocías más deportes que el trabajo
sólo azuela y moldura
Cuando de mayor te regalé un komboloi
para que movieses sus bolas entre los dedos
no podías
Pusiste en la pared un clavo
Allí lo colgaste
junto al recuerdo inexistente
de mi edad infantil

INOCENTE O CULPABLE

Si queda inmóvil como cadáver
apenas termine la necesidad
Si los versos son acertados
y el sonido seco como disparo
con cientos de balas dejadas en el poema

Me muestro inocente o culpable
análogamente

JILGUERO

Olí el cigarro sin filtro Karelia
Vi a mi padre en el andamio
Tosía, tosía
Un alboroto barría su pecho
Un frescor extraño en sus dedos
desenvolvía el abismo

La víbora daba de mamar al mar
El viento escupía tormentos
Roedores comían el pastoreo

Me detuve a pensar el sueño
Los ojos se pudrieron de mirar atrás
Cogí la goma de borrar
Cerré los párpados
Y escuché al jilguero

EN VIDA

Sorbí solo el café amargo
Mastiqué la aceituna con el biscote seco
Seco el trigo en el paladar
Con un coñac borré la niebla

5000 amigos escribía la pantalla
y ninguno de ellos en mi fiesta

TESEO SIN HILO

De pronto te vestiste de novia
Te perdiste en el firmamento
Bajo sus luminosos epígrafes
me volví sombra nerviosa
En el laberinto terrenal
persigo mi cola
sin hilo
Escucho atentamente tu sonido
hasta disolvernos los dos en la tierra

SIESTA DE MIEDO

Con una motocicleta en la jaula
persigo sombras
En la orilla de enfrente
cae el telón
El circo se oscurece

Duermo-Despierto
Alrededor la muerte

TU MIRADA HACIA ARRIBA

Azul parece sobre el vapor
cuando pasa cerca de la costa
Te reanimas por la felicidad inmensa
Juegos, risas
¡Cuánta belleza refleja cada cuerpo brillante!

No te engañes
No es el color del cielo
Es verde esmeralda
Lo coge de cuantos marineros
Se pudren en sus entrañas

ISLA DE CIRCE

Abro el transistor Grundig
que regresó contigo
de Alemania como emigrante
En la rebaba de la voz de Kazantzidis
bailas rebético arrogante en Kaltzos
Te adornan luces de electrófono
y una estrella trepa
del mosaico a los hombros

Interrupción para Boletín Extraordinario

De acuerdo con el registro de población
Alexandrópolis: 8935
Comotiní: 8615
Circe del Evro: inhabitable

ÍNDICE

Índice

CUADRANTES
(2019)

PEDALES
(2020)

EL CIRCO DORMIDO
(2021)

LAS AVES ROJAS
(2022)

ISLA DE CIRCE
(2024)